VOTE

CONTRE L'ACTE CONSTITUTIONNEL

DU 22 AVRIL 1815,

PAR M. LENORMAND,

AVOCAT A LA COUR IMPÉRIALE DE PARIS.

« Le principe de la monarchie se corrompt lorsque les
» premières dignités sont les marques de la première ser-
« vitude ; lorsqu'on ôte aux grands le respect des peuples,
« et qu'on les rend de vils instrumens du pouvoir arbitraire.
« Il se corrompt, lorsque le prince change sa justice en
« sévérité ; lorsqu'il met, comme les Empereurs Romains,
« une tête de Méduse sur sa poitrine ; lorsqu'il prend cet
» air menaçant et terrible que Commode faisait donner à
« ses statues. »

MONTESQUIEU, *Esprit des Lois*, liv. 8, ch. 7.

A PARIS,

CHEZ LES MARCHANDS DE NOUVEAUTÉS.

—

1815.

VOTE

CONTRE L'ACTE CONSTITUTIONNEL
DU 22 AVRIL 1815.

———

J'ai publié mon opinion sur les abus qui attaquaient nos droits et notre indépendance sous le gouvernement de Louis XVIII , et si la Censure me l'eût permis, j'aurais fait connaître cette opinion pendant que ce prince était sur le trône avec la même franchise que je m'exprime aujourd'hui contre cet acte constitutionnel du 22 avril 1815. Lorsqu'il s'agit de quelque vérité utile , l'ami de la patrie doit la dire avec fermeté , sans craindre les proscriptions, ni la critique des partis exaltés.

Chacun convient que cet acte constitutionnel est essentiellement mauvais et impolitique ; mais un grand nombre de personnes refuse, par indifférence ou par crainte, de voter le rejet de cette constitution. Je me suis empressé d'aller signer sur un des registres ouverts mon vote négatif ; mais je veux en faire connaître les motifs : puissent-ils contribuer à empêcher d'admettre cet acte si contraire aux intérêts de la patrie !

Les Français qui, depuis vingt-cinq ans , ont

éprouvé tous les genres de despotisme et de malheurs, sont enfin las du pouvoir arbitraire ; ils veulent une constitution qui garantisse leurs droits , leur indépendance , et qui soit comme un contrat inviolable entre le gouvernant et les gouvernés.

La charte constitutionnelle *octroyée* par Louis XVIII , sans être parfaite , offrait du moins assez de garantie contre les atteintes de la tyrannie , malgré les restrictions et les violations qui furent trop souvent apportées dans ses dispositions.

Bonaparte , à son retour de l'île d'Elbe , nous promet une constitution et la liberté ; il nous assure qu'il ne veut plus régner que pour le bonheur de la France. Et moi aussi j'ai compté sur ces flatteuses espérances ! je pensais, qu'après dix mois d'exil , il avait enfin reconnu que le meilleur moyen de conserver un trône était de se faire aimer, et que le plus mauvais était de se faire haïr.

Ce serait peut-être ici le cas d'examiner si Bonaparte a pu légitimement reprendre un trône dont il était déchu et qu'il avait abdiqué ; mais ce trône est abondonné ; Bonaparte s'en empare ; il se déclare reconnu comme souverain par le peuple et par l'armée. Louis XVIII avait pris un autre mode : c'était *par la grâce de Dieu et par droit d'hérédité* qu'il faisait remonter son règne depuis dix-neuf ans sur le trône de France. Ces deux manières ne sont pas beaucoup plus raisonnables l'une que l'autre ; mais Napoléon pense bien que ce n'est pas *la grâce de Dieu* qui l'a ramené de l'île d'Elbe, et il veut attribuer la faveur de ce retour au peuple français.

Bonaparte reprend le titre d'Empereur ; il dissout les chambres représentatives, et seul, il exerce le pouvoir exécutif et législatif : il sait bien que nous avons des craintes ; car un état ainsi gouverné par la volonté d'un seul n'est bon que pour des esclaves ; mais il nous vante la constitution qu'il fait rédiger pour la garantie de nos droits. On crut d'abord que ce serait un projet qui offrirait un corps complet sagement combiné, mais qui serait ensuite soumis à la discussion d'hommes choisis à la majorité des suffrages parmi les représentans de la nation.

Chacun était dans l'attente ; des écrivains éclairés se proposaient d'entrer en lice, et de présenter sur ce projet leurs idées politiques avant qu'il eût reçu une sanction définitive ; mais le 22 avril dernier on fut fort étonné, lorsqu'au lieu d'un projet qui avait été annoncé officiellement, on vit une loi toute faite que l'on soumettait pour la forme à une adoption illusoire ; au lieu d'un corps complet , on vit un fragment de constitution qui offrait beaucoup de dispositions inconvenantes.

Dans la position où se trouve Bonaparte , il doit chercher à consolider un trône qui n'est pas assuré , et à rallier tous les Français à sa cause. Pour obtenir l'un et l'autre , une constitution sage était le moyen le plus infaillible ; elle nous aurait tranquillisé pour l'avenir ; elle pouvait être telle qu'en exprimant clairement tous nos droits, et en établissant l'équilibre des pouvoirs , elle mettait le chef de l'état à l'a bri de tout reproche d'arbitraire et de tyrannie. C'est alors que les Français se retrouvant ainsi sous un gouvernement fort et libéral , auraient volontiers fait cause commune pour maintenir le trône impérial appuyé sur une bonne constitution; c'est alors que les Français , comptant désormais sur leur indépendance, pouvaient déployer un grand caractère national pour combattre une coalition d'étrangers qui viennent une seconde fois nous imposer leur joug.

Mais avant de faire le sacrifice de nos biens et de nos personnes dans cette guerre terrible qui nous menace, il faut que nous sachions pourquoi nous allons combattre , car si nous devons être asservis , peu importe par quelle domination. Enfin il ne s'agit point de disposer des hommes comme d'un vil bétail ; il ne s'agit plus de nous tromper par des promesses chimériques. Il faut que nous sachions si c'est pour la patrie et pour la cause de notre liberté que nous allons verser notre sang ; il faut que , par une constitution claire , positive et légale , nous soyons sans crainte contre tout retour à la tyrannie.

Au lieu de faire un supplément ou un fragment de constitution , il devenait indispensable de présenter un corps complet de loi à cet égard. Une constitution est un code entier que les citoyens doivent consulter, pour y apprendre quels sont leurs droits et ceux du souverain , sans être obligé de recourir à des décrets ou à des sénatus-consultes partiels. C'est une loi fondamentale , dont chaque partie ne peut être divisée dans des lois particulières ; dans un bon gouvernement, la constitution devrait être , comme la loi des douze tables , gravée sur le marbre ou sur l'airain , et exposée aux yeux de tous les citoyens.

Pour que le nouvel acte constitutionnel pût inspirer quelque confiance , pour qu'il eût quelque caractère légal , il fallait qu'il fût l'ouvrage des représentans de la nation qui auraient réuni la majorité des suffrages de leurs concitoyens ; le mode qui fut pris pour rédiger la charte constitutionnelle de Louis XVIII avait mérité une juste censure. On disait qu'elle était l'ouvrage du Roi, puisqu'elle fut faite par des hommes de son choix, et qu'elle fut ainsi présentée aux deux chambres qui en jurèrent le maintien sans examen, sans discussion préalable, mais par acclamation. Cependant les hommes qui rédigèrent cette charte avaient quelque caractère légal ; c'était en grande partie des représentans de la nation, et l'on ne voit pas ce caractère dans ceux qui ont rédigé la constitution de Bonaparte.

La convocation du *Champ-de-Mai* nous a été annoncée. Depuis Charlemagne, les Français avaient oublié ce que c'était que le *Champ-de-Mai* ; mais on nous a fait connaître que cette grande convocation des collèges électoraux devait fixer et consolider toutes les bases de l'édifice politique. Dès-lors on pensait qu'une commission choisie au *Champ-de-Mai*, parmi les membres de chaque département, serait chargée d'examiner et de reviser le projet de constitution annoncé. On pensait que ce projet, après avoir été discuté, aurait été soumis, par forme de scrutin, à l'adoption des représentans de la nation.

De cette manière, la constitution aurait eu le plus grand caractère légal, puisqu'elle aurait été sanctionnée par les représentans de la nation réunis dans une grande convocation, et quelle confiance, quelle garantie n'aurait pas mérité cette nouvelle charte constitutionnelle? Elle pouvait, par un système bien combiné, assurer le bonheur des Français, être le plus fort rempart contre le despotisme, contre tout désordre de l'anarchie, et nous garantir des révolutions politiques.

Mais comment concevoir que l'on nous ait, dans les circonstances actuelles, présenté un acte constitutionnel qui offre aussi peu de confiance, en lui ôtant tout caractère légal? Comment concevoir que l'on propose un mode d'acceptation aussi impolitique, ou plutôt aussi puéril?

Nous ne sommes pas dans les mêmes circonstances où Bonaparte, environné de toutes les espérances de la nation, employa en 1804 ce genre d'acceptation pour un titre que le Sénat lui avait décerné, et que le peuple français, fatigué d'être en proie à des factions déchirantes, lui donna par acclamation. Mais encore cette manière de voter, en ouvrant des registres pour mettre *oui* ou *non*, avait paru bizarre et tout à fait illusoire. Un grand nombre de citoyens étaient indifférens ; d'autres par crainte s'abstenaient du vote négatif ; et pour remplir ces registres, les hommes publics, chargés de cette mission, pressaient leurs voisins ou leurs amis pour accroître le nombre des votans : des domestiques, des portefaix, des enfans étaient même admis à l'honneur de voter, quoiqu'ils ne comprissent rien aux constitutions politiques pour lesquelles on demandait leurs suffrages. Il n'était pas rare de voir dans les provinces un maître de pension, et sur-tout les professeurs salariés par le gouvernement, venir accompagné de leurs petits écoliers qui signaient avec le maître sur ces registres publics, et toujours pour l'affirmative ; mais au surplus ce mode d'acceptation était indifférent, car la presque totalité de la France, en comptant alors sur une représentation nationale composée des membres du Sénat, du Tribunat et du Corps législatif, aimait mieux que le pouvoir monarchique fût confié à un seul, qu'à trois individus sous le nom de Consuls. *

C'est donc cet étrange mode d'acceptation qui, à cette époque, pouvait bien être

---

* Sur vingt-quatre millions d'hommes, les procès-verbaux constatent que 3,577,257 citoyens ont voté pour que Napoléon Bonaparte soit nommé consul à vie, et 828 pour la négative.

sans conséquence , qu'on veut reproduire aujourd'hui, lorsqu'il s'agit de consolider le gouvernement, de fixer les droits du peuple et du souverain, et de calmer toutes nos inquiétudes ; assurément rien n'est plus impolitique , plus illégal , plus illusoire que ce mode d'acceptation. D'ailleurs qui garantira le nombre et l'édentité des signatures ? Ne peut-on pas en ajouter pour l'affirmative , ou én diminuer pour la négative ? Et qui s'avisera de contester sur toutes ces additions ou ces soustractions ?

Quel que soit le résultat des votes pour cette constitution , et si , comme on doit le croire, elle se trouve ainsi adoptée à la majorité , car les négatifs se mettront peu en peine d'aller consigner leurs votes , cet acte constitutionnel n'en méritera pas plus la confiance des citoyens ; mais il est sur-tout à craindre que ce fragment de constitution, qui n'est point créé par des hommes compétens , qui ne peut avoir de sanction légale par son mode d'acceptation , et qui d'ailleurs est défectueux dans ses dispositions , ne refroidisse tout à fait le zèle de la nation , dont l'enthousiasme patriotique est seul capable de la sauver d'une invasion étrangère. Ce n'est pas par des articles mensongers de journaux, par des pamphlets insultans ou par des caricatures, misérables ressources employées par le gouvernement précédent comme par celui-ci, que Napoléon pourra exciter cet élan national qui seul peut sauver son trône ; c'est en excitant notre confiance par la vérité et par la franchise, c'est en nous donnant toutes les garanties pour l'avenir qu'il pourra éviter une nouvelle chute, et à la France de nouveaux malheurs ; mais des actes de sévérité, des actes de despotisme, et sur-tout une pareille constitution, peuvent beaucoup augmenter le parti des Bourbons et faciliter le retour de cette famille.

Si cette constitution offre quelques bonnes dispositions, elle en présente un grand nombre qui sont inconvenantes et impolitiques ; on n'y trouve pas plusieurs dispositions importantes, qui devraient faire partie de cet acte supplémentaire ; et, en conférant cette constitution avec l'acte constitutionnel du 22 frimaire an 8, avec les sénatus-consultes organiques des 14 et 16 thermidor an 10, et avec celui du 28 floréal an 12, auxquels ils servent de complément, on y trouve des dispositions incohérentes ; c'est un véritable travail que de saisir les différences ou les rapports de ces diverses constitutions, d'autant mieux que le gouvernement ayant tout à fait changé depuis l'an 8, les noms et les choses n'existent plus. On se demande si c'est pour embrouiller toutes nos idées sur les droits de la nation avec ceux du souverain, qu'on les a présentés avec une telle confusion ; on se demande si c'est pour empêcher que le peuple ne découvre aussi facilement les violations qui pourraient être faites à ce pacte social.

Parmi les dispositions qui méritent d'être rejetées, on remarque particulièrement l'art. 3, qui institue l'hérédité des membres de la chambre des pairs. Quelle incohérence dans cet article avec le décret qui supprime la noblesse en France ! En instituant ainsi la pairie par droit d'hérédité, Bonaparte va conférer pour toujours à certaines familles qui lui sont dévouées les privilèges et les honneurs attachés à cette dignité. Dans le projet de constitution, rédigé l'année dernière par le sénat, on y voyait aussi l'hérédité des Sénateurs ; l'on sait combien cette disposition souleva tous les esprits, et Louis XVIII, quoique très-disposé à rappeler les privilèges de la noblesse, n'osa pas, dans la charte constitutionnelle, proclamer l'hérédité de la pairie.

On a dit que ce droit héréditaire, accordé aux membres de la chambre des pairs, assurait leur indépendance, et garantissait qu'ils ne seraient pas les esclaves du prince : mais il était bien d'autres moyens de parvenir à ce but, sans employer le pire de tous, qui est l'hérédité. En rendant la dignité de pair inamovible, et au moyen de quelques précautions, ne peut-on pas également assurer cette indépendance? Il faut bien se garder que les pairs soient une compagnie de courtisans soumis aux volontés du prince. Il devient donc nécessaire qu'ils ne soient pas absolument au choix de l'Empereur; dès-lors leur élection devrait se faire sur une liste de candidats désignée à la majorité des suffrages parmi les membres de la chambre des représentans. Il serait bon de les choisir dans la classe la plus riche : on aurait ainsi moins à craindre le danger de la séduction, et ils seraient plus en état d'avoir une représentation convenable. Cette dignité devrait être surtout la récompense des hommes qui ont rendu d'importans services à la patrie. Mais si elle est conférée exclusivement par le chef de l'Etat, on le répète, ce ne sera plus qu'un corps de courtisans qui n'offrira aucune garantie pour la nation. On dira qu'en Angleterre les pairs sont nommés par le prince; mais ce ne serait pas connaître notre caractère national que de nous donner tous les principes de la constitution anglaise. Dans un pays où l'amour de la patrie, où l'opinion publique, où la liberté de la presse exercent autant d'influence qu'en Angleterre, cette élection, faite par le prince à la chambre des pairs, ne peut être dangereuse.

Un décret de l'Empereur vient de supprimer la noblesse. Mais n'est-ce pas une véritable noblesse que l'institution qui rend héréditaires dans une famille les titres et les honneurs? et cette noblesse a beaucoup plus d'inconvénient que l'autre, puisqu'il en résulte qu'un homme corrompu, perdu de dettes, sans talent, sans mérite, peut venir ainsi par droit d'hérédité siéger auprès des princes et des premiers dignitaires de l'Empire, participer aux délibérations, et prendre connaissance des secrets de l'Etat.

En rendant la dignité de pair héréditaire, c'est étouffer les moyens d'émulation, c'est insulter au mérite, c'est concentrer dans une famille des honneurs qui appartiennent à d'autres citoyens.

Il est curieux de voir comment plusieurs de ces argumens sont combattus par des articles insérés officiellement dans les journaux. L'un d'entr'eux ne craint pas de dire que l'on doit s'abstenir en ce moment de parler contre cette constitution , et qu'il faut en attendre l'exécution pour en apprécier tout l'effet. Mais le plus étonnant des défenseurs de cette constitution est un M. de Sismondi , qui prétend avoir étudié pendant vingt ans le droit politique de toutes les nations, mais qui a fort négligé deux études essentielles , l'art d'écrire et l'art de raisonner. (Voir le *Moniteur* du 29 avril).

Il est également contraire à l'intérêt national que le nombre des pairs ne soit point limité ; car le souverain, en nommant à cette chambre des hommes de son choix, peut en augmenter le nombre au point de rendre la chambre des députés sans influence.

Pourquoi l'article 16 de cet acte constitutionnel porte-t-il « que les pairs seront jugés » par leur chambre en matière criminelle ou » correctionnelle dans les formes qui seront » réglées. »

Lorsque tous les hommes sont égaux devant la loi, d'où vient que des pairs qui se seraient rendus coupables de quelques crimes ou délits ne seraient pas jugés par les tribunaux comme les autres citoyens? Ne doit-on pas craindre l'influence et la partialité si un pair est jugé par la chambre dont il est membre ?

Les dispositions de cette constitution, con-
cernant la responsabilité des ministres, méritent l'approbation générale ; cependant les
cas de responsabilité ne sont peut-être pas
assez expliqués, et l'on est fâché de voir que
les ministres seront jugés par la chambre
des pairs ; on aurait préféré qu'ils eussent été
jugés par celle des représentans ; dès-lors que
les ministres font partie de la chambre des pairs,
on a dû craindre qu'elle ne fût pas exempte
de toute impartialité en prononçant sur une
accusation contre leur collègue.

L'article 51 fixe enfin l'inamovibilité des
juges ; cependant elle n'aura lieu qu'au mois
de janvier 1816, puisque jusque-là l'Empereur
peut destituer ceux qui sont nommés.

Dès long-tems cette incertitude dans les
places de la magistrature avait mérité la censure de tous ceux qui savent apprécier l'ad-
ministration de la justice ; c'était ravir aux
tribunaux leur indépendance ; ils n'étaient plus
que des commissions judiciaires absolument
sous la férule du gouvernement.

Cet article ne dit pas de quelle manière se
fera cette nomination des juges. Aura-t-elle
lieu de plein droit par l'Empereur, ou bien sur
une liste de trois candidats envoyée par le
procureur général? Il faudrait du moins dans

ce dernier cas un plus grand nombre de candidats, afin que le chef de l'état eût plus de latitude pour choisir.

On sait que dans la plupart des cours et des tribunaux, il y a deux ou trois hommes qui exercent toute l'influence; ce sont eux seuls qui forment ces listes de candidats, comme ce sont eux seuls qui jugent les procès; c'est alors que les coteries, les relations, les intérêts particuliers font placer sur ces listes plutôt tel individu que tel autre dont les lumières sont supérieures.

La création des conseillers-auditeurs près les cours impériales est une bonne institution; mais elle aurait besoin cependant de quelque amélioration. Il faudrait choisir pour occuper ces places des avocats moins jeunes, et qui eussent plus l'habitude des affaires judiciaires. L'organisation des juges-auditeurs près les tribunaux de première instance doit sur-tout recevoir des changemens : on a admis à l'honneur de juger des jeunes gens absolument sans expérience des affaires du palais, et trop dans l'âge des plaisirs et des passions.

L'art. 57, en conférant au souverain le droit de faire grâce, ne parle pas du droit de commutation de peine et de révision des procès.

Quoique la commutation et le droit d'ordonner la révision d'un procès semblent être une conséquence du pouvoir de faire grâce ; il paraît que ce n'est pas dans les vues de cet article ; cependant il est des circonstances où la commutation de peine devient presque un acte de justice. Nous pourrions citer pour exemple la réclamation que nous avons formée dernièrement au nom de quatre malheureuses femmes de Nogent - sur - Seine ; ces femmes, pressées par une extrême misère, avaient dérobé dans un champ de l'avoine coupée, à-peu-près pour la valeur de 2 fr. 50 c. ; le garde-champêtre, qui les prit sur le fait, en dressa procès-verbal, et elles ont été condamnées à cinq ans de détention et à une heure de carcan. Ces femmes avaient produit les meilleurs certificats de moralité.

Il est des circonstances où la révision des procès en matière criminelle est nécessaire ; la loi n'a pu prévoir tous les cas où l'innocence aurait été victime d'une erreur judiciaire, et il eût été sage de laisser au souverain le droit de faire examiner les circonstances où cette révision est commandée par la justice. « Un événement imprévu, dit l'im-
» mortel d'Aguesseau , fait quelquefois écla-

» ter dans la suite l'innocence accablée sous
» le poids des conjectures, et dément les in-
» dices trompeurs, dont la fausse lumière
» avait ébloui l'esprit du magistrat. »

Pourquoi dans cette constitution n'a-t-on pas supprimé la confiscation? C'est une disposition despotique qui doit être effacée de nos lois. Bonaparte avait étendu les funestes effets de la confiscation; mais l'humanité en réclame l'abolition. N'est-il pas odieux qu'une famille entière soit punie pour un crime qui lui est étranger? Montesquieu fait connaitre que la confiscation appartient à un état despotique; mais qu'elle ne peut convenir à un gouvernement modéré (*Esprit des Lois*, liv. 5, ch. 15).

La constitution reconnaît que *nul ne peut être distrait des juges qui lui sont assignés par la loi*. On aurait désiré qu'elle eût en même tems consacré le principe de la loi *habeas corpus* des Anglais, qui autorise tout accusé à se faire présenter à ses juges dans les vingt-quatre heures, s'il le requiert, et qui permet pour certains délits de sortir de prison en donnant caution; cela éviterait bien des détentions prolongées injustement.

On a remarqué dans cette constitution plusieurs dispositions qui sont des amendemens à la charte constitutionnelle. Tels sont les articles qui donnent le droit d'être élu à la chambre des députés à vingt-cinq ans, et qui n'exigent point, comme le voulait la charte, que les membres de cette chambre paient une contribution directe de 1000 fr. pour être éligibles.

Il était juste d'admettre à vingt-cinq ans dans la chambre des représentans, puisqu'on peut à cet âge être élu membre de la chambre des pairs, et puisque c'est la majorité exigée pour être admis aux fonctions judiciaires et administratives.

La charte, en voulant que l'on fût imposé à une contribution directe de 1000 fr. pour être éligible à la chambre des députés, offrait une disposition inconstitutionnnelle ; elle écartait ainsi un grand nombre de citoyens qui méritaient la confiance de la nation : d'ailleurs, le but de la loi pouvait être souvent éludé ; car on peut payer 1000 fr. de contribution, et être moins riche que celui qui n'est imposé qu'à la moitié. Il n'est pas rare de voir de grandes fortunes réduites à peu par les rentes et les créances hypothécaires dont elles sont grevées.

L'article 64 porte : « Tout citoyen a le droit

» d'imprimer et de publier ses pensées , en
» les signant, sans aucune censure préalable,
» sauf la responsabilité légale, après la publi-
» cation, par jugement, par jurés, quand
» même il n'y aurait lieu qu'à l'application
» de police correctionnelle. »

Le décret impérial qui accorde la liberté de la presse , et qui est justement modifié par cet article, a produit une heureuse surprise ; il a excité l'applaudissement général. Il n'y a que les gouvernemens faibles et tyranniques qui doivent craindre la liberté de la presse : elle ne peut avoir aucune influence dangereuse dans une monarchie qui repose sur la justice, et qui respecte les droits et l'indépendance de chacun. La faculté de publier librement son opinion est la plus belle prérogative du citoyen. Cette liberté garantit des atteintes du despotisme ; elle est comme une sentinelle qui avertit les peuples et les rois des violations qui seraient faites à la constitution ; elle fait connaître au souverain l'opinion publique , et peut ainsi le préserver des dangers qui entraînent la chute du trône.

Il n'est pas douteux que si la presse eût été libre sous le gouvernement de Louis XVIII, des hommes courageux lui auraient signalé les graves abus et les fautes multipliées des ministres, qui ont entraîné la décadence de son trône.

Mais, suivant la loi sur la liberté de la presse, on était réduit à faire un livre de vingt feuilles d'impression pour pouvoir dire quelques vérités utiles. On sait que *le Censeur* employa tous les moyens pour se soustraire à la censure ministérielle, et il fallut qu'il attendît que son ouvrage périodique eût atteint ce nombre de feuilles pour pouvoir le publier ; mais encore les journaux, rédigés sous l'influence du gouvernement, attaquaient par des diatribes sanglantes les auteurs courageux de cet écrit.

Dernièrement la vente du *Censeur* fut arrêtée, et les exemplaires restèrent saisis à la police pendant plusieurs jours, quoique les journaux eussent annoncé que ce livre se vendait chez tous les libraires. La saisie de cet ouvrage était une véritable infraction au décret sur la liberté de la presse. Si les auteurs méritaient quelque punition, il fallait les traduire devant les tribunaux. Mais la saisie de leur ouvrage ne pouvait être considérée que comme un acte de despotisme.

En matière de politique, le souverain doit plutôt accueillir une vérité, fût-elle même un peu dure, que les louanges du courtisan qui le trompe.

Mais il est utile d'observer qu'à l'égard des écrits calomnieux, la loi doit mettre une grande sévérité; c'est alors que les auteurs et les imprimeurs devraient être solidairement responsables; la calomnie laisse toujours de fâcheuses impressions, même à l'égard de celui qui s'est justifié, et il peut être fort dangereux, en se bornant aux peines assez légères que la loi prononce contre le calomniateur, de laisser, par suite de la liberté de la presse, la faculté à un individu sans garantie, de porter le déshonneur et le trouble dans les familles.

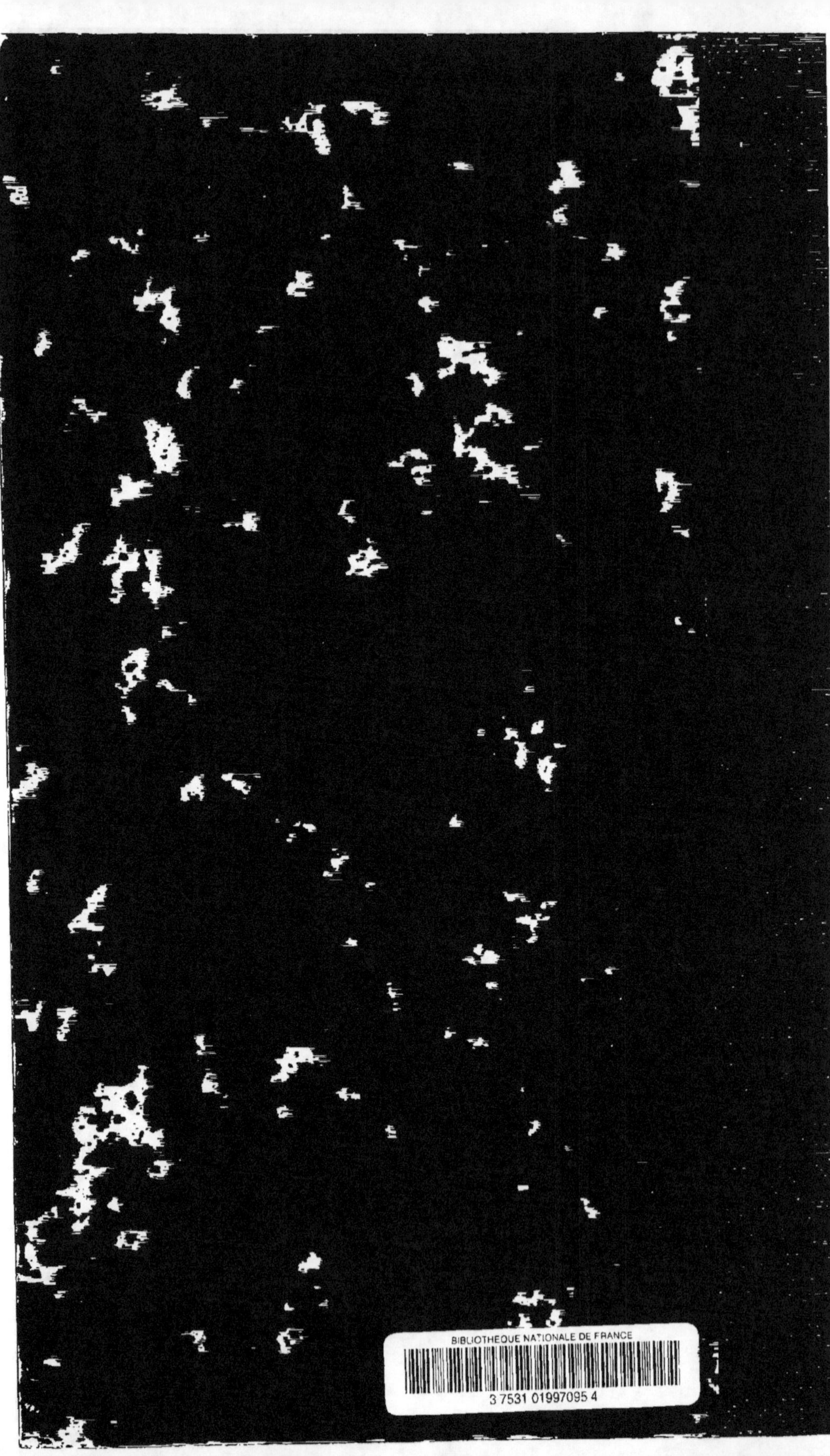